La mujer del sombrero
Décimas con fiebre

Eloísa Pardo

COLECCIÓN
decimarios

La mujer del sombrero

Décimas con fiebre

Eloísa Pardo

Colección
Decimarios

Prólogo
Alexis Díaz-Pimienta

Edición
Alexis Díaz-Pimienta
Lisset Argüelles Montesinos

Corrección
Roly Ávalos Díaz

Diseño de portada y composición:
Yasser Fonseca Valdes

Ilustraciones:
Lisset Argüelles Montesinos

Fotografía de contracubierta
Pepe J. Galanes

Derechos de Autor (Copyright)
© **Eloísa Pardo Castro, 2025**
© **Sobre la presente edición:**
Pimienta Ediciones, 2025

ISBN
978-84-948010-5-1

Depósito Legal
AL 3780-2025

Primera edición
Febrero, 2025

Pimienta Ediciones
Plaza de la Constitución, 18. Edificio San José. Planta 1
04740 - Roquetas de Mar, Almería – España
https://pimientaediciones.com/
info@pimientaediciones.com

A las palabras, a su calor, a su abrigo, a su apoyo, a su alegría, por salvarme la vida

A Ángel, mi padre, que se fue antes de que la décima se completara

A mis queridos lectores por su fiel acompañamiento, por su aliento constante

A las amigas de mi taller de escritura creativa, por la lectura de estas décimas, por hacerlas suyas, nuestras, de todos

A mi compañero, que ha vivido durante este verano y siempre, el continuo parafraseo de los versos y el baile loco de mis dedos

Es preciso tener todavía caos dentro de sí para poder dar a luz una estrella danzarina.

F. Nietzsche. *Así habló Zaratustra*

Prólogo

La fiebre decimal de Eloísa Pardo:
la mujer del sombrero

He aquí un libro fresco y sorprendente. Un poemario conformado por décimas epigramáticas, redondas, concisas. He aquí un decimario que hace una descripción viva de su entorno y a la vez del mundo interior de su autora, tan rico, tan variado. Un mundo lleno de personajes entrañables, sublimes y agradables gracias a su misión fundamental: inspirar a la poeta. Un perro, una esquina, dos palomas y más.

Dicen que los poemas no se escriben, se descubren, que están ahí fuera y solo hay que saber verlos. Eloísa lo sabe. Sobre todo, cuando le sube la fiebre decimal, cuando delira víctima de su propia temperatura poética.

He disfrutado la lectura de este libro como siempre disfruto la lectura de aquellos libros que, pese a la predisposición (venía con aviso: sabía qué Eloísa es buena poeta) tienen sorpresas imposibles de rastrear o avizorar, aunque conozcas al autor o a la autora. Por eso agradecí el aire clásico de algunas redondillas:

> *como nerviosas gaviotas*
> *las palabras van volando*
> *hasta que, burla burlando,*
> *pueden contar mis derrotas.*

Y hallar algunas décimas que son de antología, grandes en su sencillez, perfectas en su honestidad estética:

> *He tenido mil amores*
> *reales o imaginarios,*
> *pedestres o literarios*
> *y de todos los colores.*
> *Cometí miles de errores*
> *por mi mente fantasiosa,*
> *por mi matiz de celosa,*
> *por pedirle al olmo peras,*
> *porque, quieras o no quieras,*
> *ni eran verso ni eran prosa.*

Otra cosa: solo los buenos poetas, los poetas finos, son capaces de convertir en materia poética palabras y frases de andar por casa, que parecen de todo menos material lírico. Es el caso de la palabra "chiripa"; dice Pardo: "Me enamoré de chiripa / (la conciencia me remuerde)". Y de la frase "era tan largo como ancho", o de las rimas "ceporro" y "cabezorro" (y ella, la poeta, se queda ella tan larga como ancha). Solo una poeta fina y conocedora de la tradición (más que conocedora, respetadora) puede hacer suyas frases hechas y hacerlas de nuevo:

> *A Dios pongo por testigo*
> *que te di oportunidades*
> *de todas las variedades,*
> *y vuelta la burra al trigo.*

Muletilla (v. 1a) y refrán (v. 4a) que se confabulan para, no sin ironía, atrapar al lector en otra minifábula que termina no con menos gracia y sencillez:

> *Esto no tiene remedio,*
> *hijo de mi corazón.*

Y en *Tempus fugit*, una de las mejores décimas del conjunto, la elegancia enumerativa (tengo, tengo, tengo...) desemboca en una imagen a la vez poderosa y simpática: "Nunca me pongo mandil/ para cocinar mis sueños".

Eloísa Pardo es, se sabe y se vanagloria de serlo, la mujer del sombrero. No "una mujer con sombrero", como el personaje poemático de una de las mejores canciones del cubano Silvio Rodríguez; no, ella es la mujer del sombrero, la inequívoca mujer del sombrero. Como Chaplin fue el inequívoco hombre del bombín y los zapatos grandes. Como Churchill o Sherlock Holmes fueron los hombres de la pipa. Claro que puede haber y ha habido otras mujeres con sombrero, pero "la mujer del sombrero" hay solo una, y es poeta, o precisamente por ser poeta es única, es ella, y su sombrero tiene mucho de chistera y de talismán: está lleno de versos. Eloísa pasea su cabeza lúcida de mujer del sombrero por las redes sociales y por su barrio. Y los niños la ven y la señalan: "Mira, ahí viene la mujer del sombrero"; y los viejos que veranean (u otoñean) en los bancos (porque invernar lo hacen en casa) la señalan y comentan: "Miren, la mujer del sombrero, la poeta del sombrero". Porque los viejos saben que es poeta. Si para algo sirve la vejez es para eso: para diferenciar vecinos y poetas. Una poeta, encima, que no quiere ser Beatriz (anatema confeso). Una poeta que hace talleres de escritura que comienzan en octubre y en los que se aprende a vivir y a cambiar, que es más difícil que escribir, aunque se haga escribiendo.

A estas alturas yo no recuerdo si conozco personalmente a Eloísa Pardo, la mujer del sombrero. Puedo preguntarle vía WhatsApp, pero no voy a hacerlo. Me basta la duda para saber que sí, que la conozco por sus décimas y por su militancia en la poesía y por su frenética labor de activista literaria.

Cómo no voy a conocerla si es la mujer del sombrero que todo lector de poesía sueña con tropezarse alguna vez en un bar, un parque, un tren, una carretera.

Eloísa Pardo, lo sé, se sabe y se reconoce poeta y vital como la vida misma, como esa vida que describe en el poema homónimo y que parece (o es) un autorretrato, un selfi lírico y entrecortado, enumerativo, brillantemente resuelto.

> *Hermosa. Carnal. Traidora.*
> *Cobarde. Valiente. Dura.*
> *Fresquita. Caliente. Oscura.*
> *Triste. Criada. Señora.*
> *Fiel. Paciente. Inspiradora.*
> *Caótica. Gris. Intensa.*
> *Efímera. Única. Extensa.*
> *Alegre. Veloz. Rechula.*
> *Trágica. Extraña. Gandula.*
> *Eterna. Fugaz. Inmensa.*

Escribir poesía es una cosa, ser poeta es otra. Siempre lo he dicho. Hay gente que escribe poesía y no es poeta. Y hay gente que es poeta hasta sin escribir un verso. Eloísa, por suerte para sus amigos, es las dos cosas. Es poeta y parece poeta y escribe poemas y lee en voz alta los poemas que escribe en su nombre, pero con la mirada puesta en otros: sus lectores, amigos, seguidores, *fans*. Porque la mujer del sombrero tiene *fans*. Como los músicos. Como los deportistas. Y por eso es capaz de hablar directamente con ellos y de hacerles un descarado ofrecimiento, que no citaré, para que lo descubran ustedes solos en su libro.

Lees las décimas de Eloísa Pardo y no solo te reconforta la lectura, sino que te reconcilias con el ejercicio poético.

Uno de los secretos de la buena poesía es su poder de síntesis. Por eso cuando encuentras una estrofa como la décima, que, por sus límites naturales ya te obliga a ser sintético

(son solo ochenta sílabas) y hallas a una poeta que dentro
de ella tiene la capacidad de síntesis narrativa y argumen-
tal (síntesis de la síntesis, síntesis en síntesis), ya no te queda
más remedio que quitarte el sombrero, y si no tienes, te
quitas la cabeza. ¿Y si incluso combina síntesis y antítesis?
Sí, señor, aunque parezca un imposible. He ahí su décima
"Sin salida. Solo tomen un aperitivo (vv. 6, 7, 8): "Estás
muerto y sigues vivo / ni eres lunes ni festivo, / sigues vivo
y estás muerto". Eloísa Pardo se ve cómoda en la décima.
Por eso puede hacer alarde de dominio de las estrofas
clásicas en su poema "Escribo"; o puede compartir con
otros un "Remordimiento"; o una "Decisión"(dando vueltas
en la cama); o tres décimas desenfadadas -y dialogadas-
de aproximación a don Quijote. Puede hacer y hace lo que
quiere. Es poeta. Es una poeta que cita a otros poetas
(Alfonsina Storni, Ángel Guinda, Sabina). Es una poeta que
sube la temperatura de su libro cuando le hace falta, sin
remilgos ni cortapisas, como en esta excelente décima erótica:

> Yo acostada. Tú acostado.
> Tu mano lenta al comienzo,
> mi cuerpo abierto es un lienzo
> ansioso por ser hollado,
> resucitado, clavado,
> mis pechos son un aullido,
> tus piernas, fuego encendido,
> rodamos por la pendiente
> entre sábanas candentes,
> ardientes, ardida, ardido.

En fin, que Eloísa Pardo, la mujer del sombrero, la poeta
epigramista y decimista, nos ha hecho un regalo como
editorial y como lectores de poesía. ¡Más mujeres deci-
mistas! Qué bueno. Más décimas con la calidad y la cali-
dez del discurso femenino, inteligente y de altos vuelos.
Qué necesario.

He aquí un decimario lleno de frescura, humor, dominio técnico. Un poemario en décimas para colocar en la mesa de noche de cada uno y hacer, como hacía Borges con la *Enciclopedia Británica*, una lectura diaria y azarosa, abriéndolo donde quiera y consumiendo una pequeña dosis (diez versos) de poesía clásica, neobarroca, en el siglo XXI. Una lectura, muy, pero muy recomendable. Y luego comentamos en el próximo bar, antes de que llegue la mujer del sombrero, que seguro aparece.

Alexis Díaz-Pimienta
Sevilla, 7 de diciembre de 2024

*Esquinas

Me detengo en cada **esquina**
buscando allí la respuesta,
ella duda, me contesta,
casi siempre me ilumina.
A pesar de la neblina
que oculta a veces mis dudas,
eternas, tan testarudas,
yo le pregunto a la piedra,
sabiendo que no se arredra
ante mis demandas mudas.

Las **esquinas**, sur o norte,
este, oeste, cual dilema,
puedes crear un poema,
empujar el picaporte,
conseguir el pasaporte
que decida tu destino,
inocente o asesino,
perderás o ganarás,
sin volver la vista atrás
has de seguir tu camino.

El comienzo

Tengo un cuaderno de vida
con las tapas de colores
para escribir los amores,
un tropiezo, la caída.
Y, no tengo otra salida,
para mi ansia y sosiego:
con un ramito de espliego,
y acomodada en mi silla,
desde mi mesa camilla,
tomo la pluma y navego.

Décimas en un cesto

Fases*

Con el dedo hacia la luna

recito un verso a mi perro,

cae la noche sobre el cerro,

un cristal es la laguna.

Cuarto creciente, oportuna,

va para llena y radiante,

mi perro, mestizo, errante,

ha echado a andar, abatido,

porque sabe, conmovido,

que pronto será menguante.

* Décima premiada en el III Concurso de Poesía Luz de Luna. 2017

Chelique Sarabia

Ansiedad es un bolero
con una letra preciosa,
mitad verso, mitad prosa.
Sarabia, cual alfarero,
-y yo me quito el sombrero-,
lo escribió en la adolescencia,
pensando en esa dolencia
que se llama soledad,
vals para la eternidad,
y nos lo dejó en herencia.

Cantar las cuarenta

El cuerpo me está pidiendo
a estas horas de la noche
(tómalo como un reproche
y puedes seguir durmiendo),
mientras me estoy aburriendo
por falta de novedades,
esta noche, no te enfades,
el cuerpo me pide, digo,
mientras me miro el ombligo,
decirte un par de verdades.

Desafío

Voy a abrir otra ventana
porque tengo el cuarto a oscuras,
y creo que, a estas alturas,
tendría que ver la diana.
Ya que soy casi una anciana,
mi flecha ha de ser certera
y, como buena alfarera,
moldearé mi sentimiento,
no cederé al desaliento.
¡Ay, si a vivir me atreviera!

Desahogo

Escribir, ahora que caigo,
escribir, me gusta mucho,
lo que veo o lo que escucho
a mi huerto me lo traigo,
y una deuda ya contraigo
con mi cuaderno de notas,
como nerviosas gaviotas
las palabras van volando
hasta que, burla burlando,
pueden contar mis derrotas.

¡Ay, si a vivir me atreviera!

Fantasía

He tenido mil amores,
reales o imaginarios,
pedestres o literarios
y de todos los colores.
Cometí miles de errores
por mi mente fantasiosa,
por mi matiz de celosa,
por pedirle al olmo peras,
porque, quieras o no quieras,
ni eran verso ni eran prosa.

Traspiés

No sentí, que yo recuerde,
mariposas en la tripa
me enamoré de chiripa
(la conciencia me remuerde).
Aunque a veces no concuerde
tu realidad con la mía,
te digo que cometía,
aquella tarde de mayo,
un error de arte y ensayo,
un caso de apostasía.

Ahora

Ya no tengo fiebre, amiga,
ni anhelos ni sofocones,
ni me doy los atracones
que me daba sin fatiga.
Ahora, como una hormiga,
recojo los desperdicios,
escondo amores y vicios,
bebo té y agüita clara,
para andar uso una vara,
solo me falta el cilicio.

Juanillo Tenorio

Decía que las quería
y se quedaba tan pancho,
era tan largo como ancho,
daba *amour* o alegoría,
un maestro en maestría,
un gran truhan, un ceporro,
era bobo, cabezorro
y a todas embelesaba
con ese zumbar que usaba
como un vulgar abejorro.

Amour fou

Se abanica con premura
para aliviar el sofoco
de ese amor tenaz y loco
que le oprime la cintura.
No hace caso a la censura,
piensa: a nadie perjudico,
luego apoya el abanico
sobre su pecho abundante,
los labios, rojo brillante:
se muere por Federico.

La loca de la casa

Se toma una horchata fría
en un jardín inventado
después de cruzar a nado
una piscina vacía.
De pequeña se aburría
y se escapaba de noche
a un lugar de Bariloche,
o se plantaba en la luna.
Siempre supo la fortuna
de vivir en tal derroche.

Ultimátum

A Dios pongo por testigo
que te di oportunidades
de todas las variedades,
y vuelta la burra al trigo.
Así que yo te bendigo
y te doy la extremaunción,
tírate por el balcón
o pones tierra por medio.
Esto no tiene remedio,
hijo de mi corazón.

Tempus fugit

Tengo canas y un sombrero,
tengo lápiz y papel,
tengo marcas en la piel,
tuve a mi niña en febrero.
Un novio en el extranjero,
un desengaño en abril.
Nunca me pongo mandil
para cocinar mis sueños.
No tengo siervos ni dueños,
se va apagando el candil.

Nunca me pongo mandil

para cocinar mis sueños

Foto

Yo no puedo presumir
de tener mucho dinero,
soy la mujer del sombrero,
soy sencilla en el vestir,
me gusta amar y escribir,
tengo coche y tengo perro,
tengo una casa en un cerro
al pie del Guadalquivir:
no me quiero arrepentir
de vivir en tal destierro.

Disyuntiva

Noche de luna, te sueño,
luna creciente, te espero,
escucho nuestro bolero
mientras encero el bargueño.
Echo a la lumbre otro leño.
El caso es que estoy feliz.
Quiero acabar el tapiz,
voy a escribir un poema,
¿sabes qué es un anatema?
No quisiera ser Beatriz.

Taller de escritura

En octubre comenzamos
a escribir, a reunirnos,
a, entre deseos, vivirnos,
a intentar cambiar, cambiamos.
Brindemos por ti, bebamos
la ambrosía del poema,
enigmático dilema
que nos tiene ensimismadas,
eternamente abrasadas
en tu grato ecosistema.

Vida

Hermosa. Carnal. Traidora.

Cobarde. Valiente. Dura.

Fresquita. Caliente. Oscura.

Triste. Criada. Señora.

Fiel. Paciente. Inspiradora.

Caótica. Gris. Intensa.

Efímera. Única. Extensa.

Alegre. Veloz. Rechula.

Trágica. Extraña. Gandula.

Eterna. Fugaz. Inmensa.

Soledad

El cuerpo me está pidiendo
a todas horas tus manos,
recuerdos de otros veranos,
esté despierta o durmiendo.
Me paso el día fingiendo
que no busco tu mirada,
que no espero tu llamada,
que tu cuerpo no es mi meta,
colores ultravioleta
bañando la madrugada.

Ofrecimiento

A ti, estimado lector,
desnudador de mi verso,
renegado o converso,
será para mí un honor
ofrecerte, como flor,
esta décima espinela,
(aquí el que no corre, vuela),
y yo quiero demostrarte
que lo recito con arte.
¡Verás que no tengo abuela!

El cuerpo me está pidiendo

a todas horas tus manos

Retrato

Siempre con la boca abierta,
para nunca decir nada,
siempre fin de temporada,
siempre de rebaja. Oferta.
Siempre con la vida muerta,
terco y con la mente intacta,
mirada evasiva, abstracta,
nunca fue buen compañero,
la gracia en el sumidero,
dicho está, que conste en acta.

Deseo

Yo, que le abro la ventana
a ese día diferente,
que dejo libre la mente,
que respiro tan ufana,
que doy paso a la mañana
para que ingrese en mi vida,
que, si la haya distraída,
con impulso la levante,
le eche anticongelante,
la deje despierta, ungida.

Simpleza

Siempre callado. Callado.
Mudito, pudiendo hablar,
pero prefiere gastar
su cerebro abuhardillado
en un circuito cerrado,
en un despliegue de boca,
en esa pose barroca
que le define y le apresta,
con esa faz gallocresta
girando su cuello de oca.

La visita

Han venido a mi ventana
de nuevo las dos palomas,
hablando varios idiomas,
alterando mi mañana.
Picotean la persiana
a ver si les digo algo,
y yo, que ni entro ni salgo,
me concentro en mis poemas,
jugando con los morfemas
a ver si un verso encabalgo.

A las palomas Circe y Atenea, amigas ya, que, cada día, vienen a visitarme

Impotencia

Tengo la página en blanco
expectante ante mis ojos,
tengo versos en manojos,
estoy sentada en un banco.
Escribo, escribo y no arranco
ningún poema a la pluma,
la inspiración se me esfuma,
el manojo no permite
que llore, que sueñe y grite,
olas lacias, sin espuma.

Sin salida

Punto final. Se ha acabado
el rollo, la tontería,
eres de una cofradía
que te mantiene achispado,
dependiente y amarrado.
Estás muerto y sigues vivo,
ni eres lunes ni festivo,
sigues vivo y estás muerto,
estás dormido y despierto.
Un carrusel, un cautivo.

Propósitos

Son las diez de la mañana,

me acabo de levantar,

pienso si debo ayunar

o comerme una manzana.

He bajado la persiana

porque muero de calor.

Ayer me dijo el doctor

que debo bajar de peso.

Pasa un tren y me embeleso.

Enciendo el ventilador.

Desayuno

Enciendo el ventilador,
desayuno en la terraza,
salchichitas con mostaza,
bombones, café, licor;
aprovecho este frescor
y me quedo adormilada,
es que me he puesto morada.
Mañana, remordimientos,
revuelto de sentimientos.
Para esta noche, cuajada.

Plan del día

Me tomo un café con leche,
me preparo una tostada,
está mi casa calmada,
puede que hoy aproveche
para hacer un escabeche
con mis fracasos de ayer.
Luego tengo que coser
tus mentiras y mis rotos,
sofocar tres maremotos
barrer, callar y absolver.

Revisión

Y me toca revisión,

ya me veo más delgada,

estoy un poco abrumada

porque me echará un sermón.

Mi médico es un bombón,

tiene el mamón un tipazo,

pero es un poco coñazo

con la tensión y la grasa,

si voy, me dará la brasa.

Cambio la cita y la aplazo.

Hombre de agua

Escuchaba con la boca
abierta siempre al relato,
tiene cara de beato,
siempre que habla se equivoca.
Y no es ninguna bicoca
verle con la lengua fuera,
con esa palabra huera,
siempre durmiendo o dormido,
sin avances, aburrido,
sin conejo en la chistera.

Escribo

Hago a la muerte un soneto,
una décima a la vida,
una quintilla a la herida,
a mis nietos un cuarteto.
Un ovillejo discreto
le dedico a mi vecina,
una rima alejandrina
para mi nuera y su suegro,
con redondillas me alegro,
para mi amante, sextina.

Penas

Al público en general
le quiero mostrar mis versos,
reunidos o dispersos
en esta tarde otoñal,
cual si fuera un recital
de pena y de desconsuelo,
(mis poemas son de duelo,
son muchos los avatares)
y, a pesar de los pesares,
correré un tupido velo.

Incordio

Hay momentos en la vida,
lo digo sinceramente,
que parece, de repente,
que se queda detenida,
que es una causa perdida,
que no le veo sentido,
que todo es silencio o ruido,
sin saber si entras o sales
y, para colmo de males,
toca hacer cena al marido.

La tarde es un desalojo

Remordimiento

Prefiero, en la soledad,
recordarte como amigo,
no me porté bien contigo,
abusé de tu bondad.
No te dije la verdad
de mi lluvia en el desierto,
mis dudas, mi desconcierto,
mi juventud agotada,
te escucho como cascada,
rumor amable en mi huerto.

Decisión

Me pasé toda la noche
dando vueltas en la cama,
voz del desierto que clama
su venganza y su reproche.
La mañana puso un broche
y una paz en la contienda,
me puse otra vez la venda,
quiero olvidar el pasado.
Me he vestido, me he peinado;
lo inservible, a la trastienda.

Aliento

Me gusta mucho la vida,

me gusta el rumor del mar,

el calendario lunar,

me gusta el ave que anida.

Me gusta ponerle brida

a tu poder y a tu risa,

que nos abrace la brisa,

me gusta el amanecer,

me gusta mirar y ver,

andar mucho, más, deprisa.

Nada

Hay una puerta cerrada
de la que nunca he salido,
nunca me fui ni he venido,
no tiene la llave echada.
Está toda salpicada
de amores que no llegaron,
de sueños que no abrigaron
ningún color de esperanza,
no hay rencor en la balanza,
ni abracé ni me besaron.

Penitencia

Se me han mojado los ojos,
el corazón y el sombrero,
brilla en el cielo un lucero,
voy pisando los matojos.
Y doblé, puesta de hinojos,
mi cintura estremecida,
la lluvia oculta mi huida,
no tuve culpa de nada,
la suerte ya estaba echada,
sin pecado concebida.

A mal tiempo

Me he levantado fatal,
con el pelo alborotado,
el estómago cerrado
con una angustia vital.
Miro a través del cristal
y veo que está lloviendo,
vuelvo la cara fingiendo
que hace una mañana hermosa,
que soy feliz y dichosa,
y así lo estoy escribiendo.

Tres décimas.
Tres lugares.

Tres décimas desenfadadas de aproximación al Quijote.

—Buenos días tengas, Sancho.

—Buenos días, mi señor.

—¿No se te pasa el temblor?

—¿Y qué es ese zafarrancho?

—No te quedes ahí tan pancho

y anda a ver qué es lo que pasa.

—Mi señor, es en su casa,

el barbero y su sobrina,

me lo ha dicho una vecina,

no quedan ya ni las brasas.

—¿Brasas dices? ¿Qué han quemado?

—Sus libros, vuestra merced.

—¿Mis libros, dices? Corred,

decidles que soy armado,

que voy yendo... que he llegado.

¡Pardiez!, qué barbaridad,

quemar libros sin piedad,

qué incultura, qué borricos,

les voy a romper los hocicos.

¡Temblad bellacos, temblad!

Ya reposa don Quijote
en su catre, adormecido,
después de lo acontecido,
con un poco de peyote.
Y sueña con un galeote,
con Dulcinea, molinos,
se sueña andando caminos
con Sancho, fiel escudero,
con armarse caballero,
con mil sueños cervantinos.

En Villanueva de los Infantes, Ciudad Real,
desde el Mirador de la Reina

Décimas a Rufina

Hay una mosca en mi coche
que se ha quedado de okupa,
es cojonera de aúpa,
se mueve de troche a moche,
está de día y de noche
y no hay manera de echarla,
ni engañarla ni matarla,
ni echándole insecticida.
De verdad que esto no es vida,
solo me queda adoptarla.

Pues ya tengo los papeles

de la mosca cojonera,

aquí la tengo, a mi vera,

luciendo sus oropeles,

comiéndose los pasteles

de la fiesta que hemos dado.

Tengo que andar con cuidado

y mantenerme impasible,

mi mosca es muy susceptible

y está buscando abogado.

Y, aquí se acaba la historia
de mi encuentro con Rufina,
ella dice que es sobrina
y no tengo escapatoria
y encima se vanagloria
de que me hace feliz,
se me posa en la nariz
y me pone de los nervios,
sabe todos los proverbios,
dice que es mi Beatriz.

*La mosca Rufina me acompañó todo el verano en
mi recorrido por los Campos de Montiel*

Décimas de amor sin recochura

La Pepa se puso novia

con un forastero hermoso,

muy seriote y pavisoso

y se fueron a Segovia.

Nos quedamos en la gloria

en nuestro pueblo manchego,

nos quería dar el pego

la Pepa con su maromo,

menuda pieza el palomo,

fábula de Samaniego.

Dicen tos que iba preñá

de ese novio amortajao,

un mozo viejo atufao,

que le falló la frená,

a mí ma dejao helá,

y ella, tan artisteja,

con más cuento que Calleja,

nos quería dar higazo

y sa dao un cabezazo

como una vulgar coneja.

Parece que ya ha parío,

un parto con poco fuste,

un niño carta de ajuste,

ceporrete y renegrío,

que se parece al marío,

con cara de mojicón;

ha cruzado el Rubricón

la Pepa de las narices,

sin haber comío perdices,

ahora vive en Alcorcón.

Dice mi primo Ismael,

que es más serio que un badil,

viven en un cuchitril

la Pepa y el tal Manuel

y que la salío infiel,

tan bribón que ni se arropa,

que le sagude la estopa

cuando llega revenío,

poco fuste tiene el tío,

de (a) pataco, una bicoca.

En algún lugar de La Mancha habrá trascurrido
esta historia de amor

La fiebre de la enfermedad la provoca el cuerpo propio.
La del amor, el cuerpo del otro.

Hipócrates

Décimas con fiebre

...de esta fiebre azulada que nutre mi quimera.

Alfonsina Storni

*El amor es como la fiebre: brota y aumenta contra
nuestra voluntad.*

Stendhal

Y te subiste a mis ojos,

entraste dentro de mí,

toda mi savia exprimí,

abrí todos mis cerrojos.

Y todo eran trampantojos

y tuve que despertar,

era perder o ganar,

aunque sé que no he perdido,

en esta historia yo he sido

un juego de malabar.

Mi cabeza no responde,

tengo los labios hundidos,

los ojos tristes, heridos,

no sé mi culpa, ni adónde

tu amor se aleja y esconde

en aquella tarde bella.

¿Te acuerdas de nuestra estrella?

Ya no deseas mis besos

ni aquellos abrazos presos,

donde persiste tu huella.

Solo con el pensamiento
puedo volar a tus brazos,
volver a unir los pedazos
de aquel verano sediento.
Caminar a paso lento,
por las brasas y las horas,
a esas citas turbadoras
que nos dejaban saciados,
a esos secretos guardados
como brumas cegadoras.

Fue sin estribo y sin bridas,

aquella noche de abril,

luna menguante, febril,

las olas enfurecidas,

bravas, locas, atrevidas,

cuando entraste en mí y yo en ti,

el cielo te prometí,

tú me prometiste el cielo,

fue un combate, lucha, un duelo,

tú bebiste, yo bebí.

Beso el temblor de tus ingles,

cabalgamos el verano

Y no dejes de escribir tu fiebre por las paredes.

Y no dejas de escribir

tu fiebre por las paredes,

te adelantas, retrocedes,

te acabas de descubrir,

piensas vivir o morir,

tienes la piel anhelante,

soy tu amante, eres mi amante,

lo llevo escrito en mis venas,

tus manos grandes, morenas

en mi sexo palpitante.

Tus manos grandes, morenas,
todavía me acompañan,
me acarician, besan, bañan,
me traspasan, me encadenas,
me llenan de ti, me llenas,
es mi forma de vivir,
mi religión, bendecir
tu dulzura y tu grandeza,
presa en una fortaleza
de la que no quiero huir.

Tiembla la noche en tu boca
muero mientras nace el día,
te beso, te besaría,
y este fuego que desboca,
que me está volviendo loca,
que solo calma tu risa,
que me traslada, sumisa,
por el cauce de tus venas,
rezando siempre novenas
como si estuviera en misa.

Yo acostada. Tú acostado.

Tu mano lenta al comienzo,

mi cuerpo abierto es un lienzo

ansioso por ser hollado,

resucitado, clavado,

mis pechos son un aullido,

tus piernas, fuego encendido,

rodamos por la pendiente

entre sábanas candentes,

ardientes, ardida, ardido.

Tiembla la noche en tu boca

Me abrazabas por la espalda,

susurrabas en mi cuello,

me apartabas el cabello,

me levantabas la falda.

Altas como la Giralda

sentía tu sed y tu hambre,

tus manos eran enjambre

buceando en mi colmena,

me quedaba ahíta, llena,

embriagada, juez, celambre.

Entraste dentro de mí,

mis alas se desplegaron,

antiguas ansias llegaron

que al punto reconocí.

Sonreíste, sonreí,

la fiebre nos consumía,

quejido, llanto, elegía

en dos cuerpos desgarrados,

anhelantes y apresados

en una pasión que urgía.

Te beso toda la piel,

me detengo en tus hangares,

consigo, en esos lugares,

beberme toda la miel,

cicuta, amor, moscatel,

allí obtengo lo que quiero,

me ofreces vida o me muero,

me salvas o sacrificas

me tomas, me glorificas,

eres mi dios verdadero.

Tu mano lenta al comienzo,
mi cuerpo abierto es un lienzo
ansioso por ser hollado

Con la mirada te di
el primero de mis besos,
mis ojos quedaron presos,
en tu espalda me escondí.
Ya nunca más concebí
mi vida sin tu presencia,
las horas eran urgencia,
no encontraba amanecer,
ni noche, ni atardecer.
Pasión, dolor, penitencia.

Se aposentaba la luna

sobre tu piel y la mía,

un mester de clerecía,

un reflejo en la laguna.

Un regalo, la fortuna

de dos cuerpos enlazados,

borrachos de amor, drogados

por un ansia de peyote,

de noche eterna, un islote

donde purgar los pecados.

Me siento frente a tu boca,

mis muslos son fortaleza

en torno a ti, la certeza

de este fuego que me invoca

a pedir como una loca

que sacies mi sed ahora,

in crescendo, sin demora,

mírame a los ojos mientras

salgo de mí y tú te adentras

en mi fiebre abrasadora.

Morir mientras nace el día,
vivir porque me has amado

Tus manos en mi cintura,
tu boca buscando ansiosa,
tu lengua, cual mariposa,
va aleteando en la hondura.
Muslos hambrientos. Locura
de este amor, de esta agonía,
de esta fiebre que invadía
tus sentidos y mis venas,
de esas tardes nazarenas,
de este clamor de abadía.

Tu desnudez, mi vestido,

mi desnudo, tu atalaya,

besándonos en la playa

bajo el cielo estremecido.

Mi latido y tu latido

acompañan la marea,

el día ya amarillea

y al pie de la madrugada

nuestra pasión desbordada

caldea el mar, centellea.

Tú estabas detrás de mí,
yo me apoyaba en tu pecho,
la luz bajaba del techo,
me besabas, te bebí,
me cubrías, te creí
cuando me dijiste aquello,
desde tu boca a mi cuello:
voy a amarte mientras viva.
La luz se apagó, misiva
sin remitente y sin sello.

Tu desnudez.
Mi vestido.

Miro la cama deshecha,

abro y cierro las ventanas,

a lo lejos las campanas

dejan un rastro de flecha,

de abandono, de sospecha

para mi espalda desnuda,

si vendrás o no, la duda

de volver a estar contigo,

esta forma de castigo

que me deja ciega y muda.

Enferma de madrugada,
herida de anochecer,
hambrienta de ti, vencer
esta fiebre envenenada,
esta lucha, esta cruzada
que me impide respirar,
siempre esperando encontrar
tus besos en otras bocas,
perderme en mil noches locas,
y sin poderme curar.

En noches interminables,

soñándote, en duermevela,

mi pecho como candela,

mis labios secos, culpables.

Los celos inevitables

de quién cobrará tus besos,

quién, de tus dedos traviesos,

estará gozando ahora,

a qué piel, tu piel adora,

¿saldréis heridos o ilesos?

Nadie llega a nadie si no es para marcharse.

Ángel Guinda

Igual que llegó se fue:
fue tormenta de verano,
huracán, viento solano,
fue vulcanio y me quemé.
No era mi historia, plagié,
no era de amor el soneto,
no era de premio el boleto,
jugué a ganar y perdí,
me fui alejando, mentí,
se quedó sin voz el dueto.

Vive, canta, ríe, sueña,

no te acuerdes de lo nuestro,

fue un documento siniestro

sin orden ni contraseña,

sin ley ni letra pequeña,

solo un cruce de caminos,

el choque de dos felinos

que equivocaron la ruta,

que probaron la cicuta,

que cambiaron sus destinos.

Y aquella historia acabó,
la fiebre ya ha remitido,
fue cayendo en el olvido,
no sé cómo, sucedió,
lentamente caducó,
mi piel lo recuerda apenas,
ya no recorre mis venas
aquella lava de antaño,
aunque sigue aquí y le extraño:
no he roto aún las cadenas.

Cuando al punto final de los finales,

no le siguen dos puntos suspensivos.

Joaquín Sabina

Metadécima
(Décima con codo)

Si el primer verso se va
y el segundo verso brilla,
ya has hecho una redondilla
de estructura *abba*.
Pausa obligatoria y ya
cruzas por el puente, *ac*
doblas el codo... ¡se fue!
Acaba en forma rotunda
la redondilla segunda
de esquema *cddc*.

Alexis Díaz-Pimienta

Índice

*"En las esquinas de algunas calles de Villanueva de los Infantes, mi Villa Favorita, en Ciudad Real, me detenía para decidir el camino de salida, la siguiente décima, el discurrir amable de la vida".

Décimas con fiebre, poemario urdido durante los tranquilos paseos por sus calles, buscando el eco de espuelas, de capas que se escapan por alguna esquina blasonada, el rumor de las palabras que se quedaron enredadas entre las rejas de cualquier ventana, en los pórticos y los patios en penumbra.

Buscando amores y pasiones añejas entre las paredes de sus callejuelas con historia, de sus noches misteriosas, de las mañanas con promesas, de algún sueño olvidado entre las piedras del suelo de su plaza monumental. Buscando.

Intentando refrescar el largo y cálido verano con poemas de desenfado y risa, pespunteando con los dedos el número de sílabas, apoyándome en cada esquina de arcilla roja cuando el ajuste parecía exacto.

Escribiendo.
Descubriendo.
Las esquinas.

Diciembre 2022, invierno ya, en Leganés.